AGNÈS SOREL

ÉTAIT-ELLE TOURANGELLE OU PICARDE ?

par PEIGNÉ-DELACOURT,

Membre correspondant de la Société impériale des Antiquaires de France,
de la Société des Antiquaires de Picardie, etc.

NOYON.

TYPOGRAPHIE D. ANDRIEUX-DURU,

RUE DU NORD, 5.

1861

AGNÈS SOREL

ÉTAIT-ELLE TOURANGELLE OU PICARDE ?

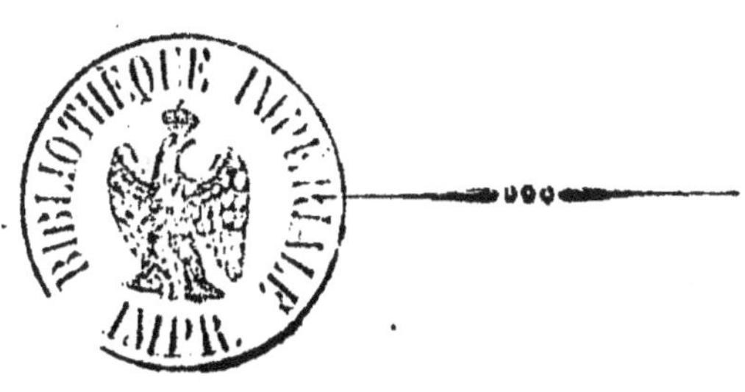

Au temps où nous vivons, les reines éphémères de la mode, prises parfois dans les bas-fonds de la société, et destinées à retomber le lendemain dans la fange, trouvent, au moment de leur célébrité populaire, un biographe empressé qui se charge de transmettre aux siècles à venir les traits, les détails infimes et les faits et gestes de ces pauvres filles.

Au milieu du XVe siècle, au moment où se produisait l'art de l'imprimerie, qui maintenant vulgarise outre mesure tant de choses qui devraient rester dans l'ombre, la belle Agnès, la brillante et renommée maîtresse de Charles VII, le roi de France, était à peine descendue dans la tombe, que déjà le mystère et l'obscurité répandus comme à dessein sur cette favorite de la veille, en faisaient un personnage légendaire de la dernière époque.

Au premier rang des chroniques manuscrites contemporaines dont les auteurs ont pris soin de cacher la vérité sur ce qui concernait Agnès Sorel, figure Jean Chartier, l'historien de Charles VII. Celui-ci s'évertue à dénier, par de plaisantes raisons, l'existence de relations intimes entre la damoiselle de Fromanteau et son royal amant, dont elle eut quatre filles; « et oncques les gens présents ne la virent, dit-il, toucher par le roy au dessoubz du menton (1). » Et pourtant le nom d'Agnès Sorel est resté célèbre, même à côté de la noble et sainte figure de la vierge de Domremy. On se plaît à croire à la tradition qui lui attribue l'honneur d'avoir usé de son influence sur l'indolent monarque pour l'exciter à défendre, contre l'Anglais, sa couronne et son pays.

Malgré les recherches faites dans ces dernières années, l'obscurité continue de planer sur la vie d'Agnès Sorel. Sa position réelle près de la reine, sa véritable physionomie (2), sont l'objet de doutes et d'incertitudes.

En ce qui concerne l'époque de la naissance de cette dame, il reste à décider quelle interprétation on doit

---

(1) Voltaire, dans les notes d'un méchant livre que personne n'a lu, et que chacun connaît, cite un passage de ce chroniqueur de la cour : « gens, qui disent toujours la vérité du temps des rois. »

(2) Les portraits d'Agnès présentent deux types différents, savoir : 1° Celui qui existe dans la collection des dessins à la Bibliothèque impériale. C'est un crayon de couleur du temps. Le portrait du seigneur de Boissy qui s'y trouve joint autorise à penser qu'ils faisaient tous deux partie de la collection existant au château de Heilly. On sait que ce fut là que le roi François Ier écrivit sous le tableau même ce quatrain si connu :

Gentille Agnès, plus de los tu mérites.....

2° Le portrait d'Agnès peint par Fouquet, et dont une copie a été reproduite dans le livre du moyen âge et de la renaissance, la représente sous les traits d'une Sainte-Vierge allaitant l'Enfant-Jésus. Les copies de Melun, de la galerie de Versailles ou du château d'Eu, offrent le même motif; mais ici, l'enfant ne s'y trouve plus; et comme Agnès a le sein découvert, l'effet devient bizarre et indécent.

J'ai vu une copie de ce type dans la galerie de M. le baron de Torcy, au château d'Authies, près de Montreuil-sur-Mer. Il provient du château d'Ugny-le-Gay, près de Chauny. Ce dernier tableau appartenait à une branche de la famille de Sorel, éteinte au commencement de ce siècle. M. le baron de Torcy le possède par voie d'héritage. Une autre copie de la main de Janet existe au château de Monchy [Oise]. Ici Agnès tient un livre de la main gauche.

Si l'on examine les figures représentées dans l'un et l'autre type, on n'y trouve pas la moindre ressemblance.

donner au passage suivant de la chronique de Thomas Bazin, écrivain contemporain (1) :

« *Pulchra Agnes cum in flore juventutis esset.....
prope monasterium Gemetense... vitam finivit ?* »

Les généalogies des grands officiers de la couronne fournissent les détails suivants sur Jean Soreau, II⁰ du nom, grand veneur de France (2) :

« Jean Soreau, écuyer, seigneur de Condren, conseiller et serviteur du comte de Clermont, en 1425, était mort en 1446.

« Jeanne Catherine de Maignelais, châtelaine de Verneuil, fille de Raoul, dit Tristan, seigneur de Maignelais, et de Marie de Jouy, acheta avec son fils, en l'an 1457, les terres de Saint-Géran et de Saint-Loup.

« Enfants : 1° Charles Soreau, seigneur de l'hôtel du roi, en 1446, à 24 livres de gages par mois.

« 2° Louis Soreau, écuyer, homme d'armes de la garde du roi. Il mourut en 1454.

« 3° Jean Soreau, seigneur de Saint-Géran, grand veneur de France.

« 4° André Soreau, âgé de 17 ans, en 1451, quand il fut mis sous la curatelle de Geoffroy, évêque de Nimes, pour retirer des exécuteurs testamentaires de sa sœur, la somme de 5,000 écus qu'elle lui avait laissée par testament, pour son avancement.

« Il était chanoine de Paris, en 1452, quand le roi lui donna une somme pour avoir une maison à Paris.

« 5° Agnès Sorel, dite la Belle Agnès, dame de Beauté-sur-Marne et de la Gastière, maîtresse du roi Charles VII, mourut à l'abbaye de Jumièges, le 9 février 1449, sur les six heures du soir, et est enterrée en l'église collégiale du château de Loches, où se voit sa sépulture en marbre, entourée d'une balustrade de cuivre. Elle a fait des biens considérables à cette église. »

M. Vallet de Viriville a rétabli avec toute raison le nom défiguré de Floreau, pour le rendre à celui de *Soreau*. Ce prélat, suivant le *Gallia Christiana*, fut

(1) *De Rebus gestis Caroli*, VII.
(2) T. VIII, p. 701.

évêque de Nismes, en 1450 ; il fut promu, en 1451, à
l'évêché de Châlons (comté-pairie), puis devint, en 1482, le
dernier abbé régulier de Prémontré, et mourut plein de
jours en 1503 ; d'où il résulte que la date de son décès
serait postérieure de 94 ans à l'époque assignée généralement à la naissance d'Agnès Sorel, c'est à dire en 1409.

En vérité, cette généalogie a besoin d'être éclaircie.
Il en est de même d'André Soreau, indiqué comme frère
d'Agnès. Cette dame, en rapprochant les dates données,
aurait été plus âgée que lui de 24 ans.

Plusieurs Mémoires ont été publiés sur ce sujet. Les
circonstances de la vie de la Dame de Beauté ont été
relevées à la hauteur d'un point historique de quelque
importance (1).

MM. Vallet de Viriville et L. Lalanne, après une dis-
cussion habilement soutenue de part et d'autre, ont re-
mis au temps où se produiraient de nouvelles lumières
la reprise de la polémique qu'ils avaient ouverte. Ils ont
invoqué le concours des personnes studieuses pour en
obtenir ces documents que le hasard vient inopinément
placer sous la main, quand ils échappent aux recherches
spéciales les plus obstinées.

Cet appel a été entendu ; j'apporte aujourd'hui mon
contingent. Il est arrivé qu'étudiant sérieusement les
annales de cette partie de la Picardie, voisine de Compiègne, où se passèrent les événements et les faits de
guerre les plus importants dans la première partie du
xve siècle ; et comme je cherchais la part de malheurs
qu'eut à supporter chaque hameau dans cette contrée

<hr>

(1) 1° J. Delort. — Essai critique sur l'histoire de Charles VII,
Paris, in-8°, 1824.

2° M. Vallet de Viriville. — Recherches historiques sur Agnès
Sorel. Bibl. de l'école de Chartes, mars-avril, juin et juillet 1850.

3° Agnès Sorel. — Etude morale et politique sur le XVe siècle.
Revue de Paris, 1er et 15 octobre 1855.

4° Nouvelles recherches sur Agnès Sorel. Paris in-8° 1856.

5° M. L. Lalanne. — Articles de critique sur les Mémoires cités
ci-dessus. Athenæum français, t V, n° 45 et 51. Et réponse de
M. Vallet de Viriville.

6° Recherches sur Agnès Sorel et Etienne Chevalier, Melunois,
par M. Eug. Grésy, in-8, 1845.

désolée, je dus nécessairement compulser attentivement les histoires et chroniques contemporaines.

Je fus frappé de la manière dont J. Du Clercq, le continuateur de la chronique d'E. de Monstrelet, orthographie le nom d'une localité dont j'ai voulu reconnaître le vrai sens pour le placer sur une liste rectifiée de certains villages dont on retrouve difficilement l'emplacement réel à travers les désignations bizarres qui fourmillent dans les mémoires écrits à cette époque, où l'usage de la langue française s'est étendu sur le terrain de la géographie.

L'auteur, d'après l'édition que j'avais sous les yeux (1), parlant du roi Charles VII, s'exprime ainsi : « Il... « (le roi) s'accointa d'une joine femme venue de petit lieu « d'envers Trort. »

Au bas de la page, une note de l'éditeur, M. Buchon, indique qu'il s'agit de *Fromenteau en Touraine.* Cette note est reproduite dans la collection du *Panthéon littéraire,* mais ici le nom de Trort est changé en celui de *Thour,* qui s'agençait effectivement beaucoup mieux avec le nom de la Touraine. En vérité, l'annotateur aurait bien dû donner quelque explication sur les motifs de cette variante.

Je dus également recourir à la publication de cet ouvrage, faite en l'année 1823 par M. de Reiffenberg.

Je trouvai le nom de Trort exactement reproduit dans cette copie.

Quant aux manuscrits que je consultai, voici la leçon exprimée en réalité sur le plus ancien, celui de la bibliothèque d'Arras, dont la calligraphie accuse le commencement du xvıᵉ siècle: « IL... S'ACCOINCTA D'UNE JOESNE « (FILLE) FEMME VENUE DE PETIT LIEU D'ENVERS TRORT, « NOMMÉE AGNEZ, LAQUELLE DEPUIS FUT APPELÉE LA BELLE « AGNEZ... (2). »

On remarquera que le mot *fille,* barré sur le manuscrit, est remplacé de prime abord par celui de *femme.*

---

(1) Collection des Chroniques nationales françaises, in-8°, 1826, t. XIII, liv. III, ch. 28.
(2) Le manuscrit de la bibliothèque de Bruxelles porte la même orthographe.

Il existe près de Montoire (Loir-et-Cher) un village du nom de Troo ; mais il ne s'y trouve aucune relation avec le texte de J. Duclerq, ni avec les seigneurs de Coudun.

Or, il existe entre Compiègne et Noyon, deux villages, à savoir, Thourote et Coudun qui appartiennent actuellement, le premier au canton de Ribécourt, le second à celui de Ressons (Oise).

Thourote ou Torote dont le nom latin est *Torota*, cité dès le Xe siècle dans nos annales (1) était le siége d'une forteresse considérable (2).

Les seigneurs de Thorote possédèrent la châtellenie de Noyon jusqu'au temps de Philippe le Bel. L'un de ces seigneurs avait épousé la fille de Robert le Grand. Un autre fut uni à Alix de Dreux, petite fille du roi Louis le Gros.

Ce nom joue de malheur dans l'utile recueil des *Olim* : il est écrit *Chorote*. Que n'a-t-on consulté le premier picard venu ? il aurait fait corriger cette erreur fâcheuse.

Raoul de Thorote fut archevêque de Lyon ; deux autres membres de cette noble famille occupèrent les siéges épiscopaux de Langres et de Laon.

La motte de Thorote commandait le passage du pont de la Barre, sur l'Oise. Elle a disparu il y a quelques années seulement ; les terres servirent pour établir la digue du canal latéral de cette rivière. Quelques portions des fossés indiquent son emplacement.

Au XIVe siècle le domaine de Thorote était passé, ainsi que la seigneurie, dans la maison de Nesle-Offémont. Les seigneurs de ce nom figurent parmi les chefs militaires du rang le plus élevé, pendant les guerres des XIVe et XVe siècles auxquelles ils prirent une part très-active.

Thorote était donc très-connu à l'époque à laquelle J. Du Clercq écrivait sa chronique.

(1) A l'occasion de la révolte de Bernard de Senlis contre le roi Louis d'Outre-Mer.

(2) Froissart, parlant de la déroute des assiégeants du château de Mauconseil, dit que : « Là, furent pris messire Raoul de Raineval, « le sire de Canny, les deux fils au Borgne de Rouvroy, le *sire de* « *Turote*, messire Antoine de *Codun* et bien cent autres che- « valiers et escuyers. » (*Panthéon littéraire*, liv. I, 2e partie, chap. 80.)

Quant *au petit lieu*, qui n'est pas autrement désigné, ce doit être Coudun; j'espère pouvoir le démontrer.

En effet, on s'accorde généralement à dire qu'Agnès Sorel, née vers l'an 1409, était la fille de Jean Sorel ou Soreau, seigneur de Coudun, conseiller de Charles Iᵉʳ de Bourbon, alors comte de Clermont, et de Catherine de Magnelers (1), fille de Tristan, dit le *Bon Chevalier*, l'un des seigneurs de la cour du roi Charles VI. On ne peut préciser l'époque à laquelle Agnès commença à porter le nom de dame de Fromenteau.

« Quelques historiens, dit M. Vallet de Viriville, ont avancé qu'Agnès Sorel était née à Fromenteau, en Berry, et était dame de cette terre. Le chapitre de Notre-Dame de Loches prouve, au contraire, par l'acquisition qu'il fit de Fromenteau, en date du 23 octobre 1450, qu'il n'a jamais appartenu à cette dame, et qu'il l'acheta *des deniers que luy* a légués (*sic*) par son testament, montant à 2,000 écus, damoiselle Raouline d'Azay..... »

M. Vallet de Viriville, tout en admettant la tradition locale sur le Fromanteau de la Touraine, produit une note qui vient infirmer cette donnée. « Le 21 mars 1409, dit-il, Geoffroy de la Selle, écuyer, fit hommage au roi Charles VII, pour la terre de Fromanteau et de Mur. » (Archives de l'Empire, P. 12, 4177.)

Les personnes qui savent avec quel soin ce savant professeur fouille au plus profond les questions qu'il traite, s'étonneront qu'il n'ait pas, à la vue de cette contradiction, poussé plus loin ses recherches sur Trort et sur Fromanteau. Je m'empresse d'ajouter que lui ayant soumis ces notes, il les a accueillies avec intérêt et grâce, et pourtant je lui *emblais* une petite découverte qui lui appartenait de droit. Je ne saurais choisir un meilleur juge du mérite de mes observations.

Le village de Coudun qui appartient au canton de Ressons confinant à celui de Thourote, s'accorde avec les expressions de J. Du Clercq.

(1) Maignelay, chef-lieu de canton, arrondissement de Compiègne (Oise).

Les anciens seigneurs de Coudun (*Cosdunum*) figurent dans une foule d'actes du xɪɪᵉ au xɪᵛᵉ siècles.

Un membre de cette famille, Raoul de Coudun, évêque de Soissons (1241-1244) fonda, l'an 1243, le prieuré d'Elincourt-Sainte-Marguerite. « Cette seigneurie vint « dans l'ancienne maison de Saint-Simon, des comtes de « Vermandois, par le mariage, vers 1260, de Simon de « Saint-Simon, avec Béatrix, dame de Coudun.

« Leur fils, Jacques Iᵉʳ, est connu pour avoir fondé « dans la cathédrale de Noyon une chapelle où il reçut « la sépulture en 1327. La Morlière, dans son livre sur « les Maisons illustres de Picardie, a défiguré le nom de « *Coudun* en celui de *Coudon*. »

« Marguerite, fille aînée de Jacques, apporta en dot, « vers 1332, la terre de Coudun à Mathieu de Rouvroy, « dit le Borgne, chevalier, seigneur du Plessier-Saint- « Just, et de Coivrel.

« Elle changea bientôt de maison, car on trouve que « Guillaume de Raineval qui plaidait en 1334 contre les « religieux de Corbie pour le péage de Marigny, » s'in- titulait sire de Coudun (1).

Il sera parlé plus loin de son fils Raoul, grand Pane- tier de France.

Les seigneuries de Coudun et de Meraucourt (2) appar- tenaient ensemble vers la fin du xɪᵛᵉ siècle à la famille de Raineval, suivant le tableau généalogique fourni par le P. Anselme qui désigne « Raoul, sire de Raineval, « de Pierrepont, de Coudun, de Meraucourt, chevalier, « conseiller et chambellan du roi, *Panetier de France*. « Il rendit toute sa vie de grands services aux rois « Jean, Charles V et Charles VI, il fut chargé de plu- « sieurs missions importantes, et mourut vers l'an « 1392. »

« Sa femme, dit le P. Anselme (3), se qualifiait veuve « en 1406. »

---

(1) Graves, statistique de l'Oise, D. Gillison, manuscrits sur Com- piègne.
(2) Canton de Péronne (Somme).
(3) T. VIII. Les grands officiers de la couronne.

Raoul de Raineval eut plusieurs femmes, savoir :

A. Philippe de Luxembourg qui fut mère de :

    1o Valeran, sire de Raineval, seigneur de Fan-
        quemberge;

    2o Raoulequin de Raineval, qui acquit la terre de
        Cardonnay (1) ;

    3o Jean de Raineval, chanoine d'Amiens;

    4o Jeanne de Raineval, mariée à Guillaume des
        Bordes, châtelain de Beauvais, grand-queux de
        France;

    5o Ade de Raineval, mariée à Jacques, seigneur de
        Heilly et de Pas.

B. 2e femme; Marguerite, dame de Picquigny.

C. 3e femme; Isabelle de Coucy, dame de Dronay,
    fille d'Aubert, seigneur de Romeny et de Jeanne
    de Villesavoir.

Elle mourut en 1313 et eut :

    1o Jean de Raineval, seigneur de *Coudun* et de
        Dronay, qui mourut à la bataille d'Azincourt;

    2o Aubert de Raineval, seigneur de Betencourt,
        qui fut également tué à Azincourt.

A l'appui et en confirmation de ce qui précède, j'ai, de mon côté, recueilli dans les Archives de l'Empire (2) la copie faite au xvie siècle d'une pièce dont je transcris ici la partie principale, datée du 15 septembre 1398 :

    « Chest li dénombrement du fief que je Ysabel de Coucy,
    « dame de Rayneval et du Cardonnoy, vefve de feu noble
    « et poissant Seigneur Monseigneur Raoul, jadis
    « Seigneur de Rayneval et *Pennetier de France*, que
    « Dieux pardoint, tiens et adveue à tenir ou nom et
    « comme ayant le bail, et gouvernement et administra-
    « tion de Jehan de Rayneval, enfant menre d'ans de
    « mondit feu Seigneur et de moy, du Roy nostre Sire à
    « cause de son chastel et chastellenie de Péronne.

---

(1) En comparant ces deux documents, on voit qu'en l'année 1398, Raoulequin avait cédé, ou bien laissé comme héritage la terre du Cardonnay (hameau du canton de Montdidier) à l'héritier de Raoul de Raineval, son neveu.

(2) P. Registre, n° 135, p. 145.

« Et premiers : le lieu et plache que on dit de *Froit-*
« *mantel*, séant emprez Meraucourt, tout ainsi comme
« le dit lieu et plache se contient et comporte entre les
« bournes, prez, fossez et haies. Et soulloit le dit lieu et
« plache contenir environ IV journeaux de terre (1)...

« *Item* douze journeaux et demi de bos ou environ
« séant ès bos que on nomme le bos de *Meraucourt* au lez
« vers Frize...

« *Item* au quemin de Cappi... XVIII journeaux.

« *Item* le camp de le Folie... etc., etc.

Ces désignations et d'autres qui suivent ne peuvent se
rapporter qu'à Méraucourt, commune de Feuillères,
canton de Péronne (Somme) (2).

Le nom de Fromanteau se présente souvent, il tire
son origine, dont voici la signification donnée par Du
Cange, du mot de basse latinité, *fracta, sepes*. Ital. *fratta,
quod ex dejectis seu fractis arborum ramis fiat*.

Qu'il me soit permis d'ajouter que ce savant auteur
cite, à l'appui de son sentiment, un passage tiré de l'histoire du Mont-Cassin, au xiie siècle, dans lequel j'ai
trouvé la confirmation d'une opinion que j'ai émise dans
mon Mémoire sur la *Chasse à la haie* : *fecerunt fractas
ad capiendum sylvestria animalia...* Evidemment il s'a-
git ici de haies disposées pour PRENDRE le gros gibier.
*Fraise, Gallice vocamus palos ad munitionem urbium
humo fixos.* On dit *fraisé* un bataillon carré tenant les
baïonnettes croisées.

La *frette* du blason, la *fraise*, les *chevaux de frise* pro-
viennent du radical *fracta*, quoi qu'en dise Ménage, qui,
pour ce dernier mot, fait venir l'expression de ce qu'on

(1) M. H. Cocheris a signalé au t. XIV des Mémoires de la Société
des Antiquaires de Picardie, art. Froimantel deux aveux du
xviiie siècle pour cette SEIGNEURIE. Arch. de l'Empire, Q. 1542,
sect. admin. 1749 et 1767. M. l'abbé Decagny, dans son histoire de l'arrondissement de Péronne avait déjà cité, d'après l'histoire du Vermandois par Colliette, le fief de Fremantel sis à Feuillières existant
au xvie siècle.

(2) Je tiens de M. l'abbé Decagny, qui connaît si bien cette contrée, que Feuillères et Meraucourt existent seuls maintenant.
Froimantel, dont l'emplacement est connu par la tradition locale,
était situé dans la vallée au milieu des marais de la Somme. Ce
lieu n'est mentionné ni dans la carte de Cassini, ni dans celle du
dépôt de la guerre.

inventa ce mode de fortification dans la province de Frise (1).

Quant au manteau, mur ou palis d'enceinte, ce nom est resté seulement dans l'expression toujours usitée : *place démantelée*, c'est-à-dire privée de son enveloppe de défense.

Plusieurs lieux, en France, ont une origine analogue : tel est *Froidmont*, siége d'une abbaye cistérienne du Beauvaisis. On le prononce actuellement comme il est écrit. On l'orthographiait autrefois *Fresmont*, comme on peut le voir dans les ouvrages de Louvet de Beauvais.

On s'explique la raison de ce nom, quand on connaît l'emplacement de ce monastère dans l'enceinte d'un camp romain bien connu, lequel était assis sur une montagne.

Au moyen-âge, on le traduisit dans le latin barbare des chartes par *Frigidus mons*, qui n'a point de sens en ce lieu, au lieu d'écrire *Fractus mons*, Mont *Fretté*.

Un autre *Fresmont*, lieudit dans la commune de Carlepont (Oise), a conservé par hasard la bonne leçon sur la feuille cadastrale. Ici, la destination primitive et l'origine de l'appellation sont aussi très-marquées. Le tertre de Fresmont, qui offre encore des traces d'enceinte, domine le promontoire actuellement occupé par le parc et le château de Carlepont. J'y trouve une nouvelle induction en faveur de la thèse que j'ai précédemment soutenue dans mes Recherches sur l'emplacement de divers lieux de l'ancien pays des Suessions.

Le *Frémont* de Carlepont servit de défense à ce lieu qui fut tour à tour occupé par les Romains et les rois des deux premières races. Je persiste donc à croire que Carlepont fut le lieu de naissance ou le berceau de l'enfance de l'empereur Charlemagne.

Les lieux de *Frémontier*, *Frette montier*, *Fretteval*, *Frette mole*, *Frette cuisse* (*Fracta colia*), *La Frette*, ont une origine analogue.

(1) L'expression Coticé désigne dans le langage héraldique une barrière en bois — une charpente : en celtique, *or coet :* est le bois de la Cottage, etc.

Que l'on veuille bien faire des recherches, et l'on s'assurera que les lieux qui portent cette dénomination étaient situés de façon à défendre des passages et à surveiller les routes des Romains dans la Gaule. Tels sont, dans le département de l'Aisne : *Froidmont*, dépendance de Bray-en-Laonnois ; *Froidmont*, près de Cohartille, et *Froidestrées*, dont le nom comporte la défense d'un chemin (*stratum*).

Je reviens à Jean, fils mineur, en 1398, de Raoul de Raineval et d'Isabelle de Coucy. Duchesne, cité par le père Anselme (t. II, p. 282, Famille de Hellande), rapporte, en parlant de Jeanne de Montmorency, qu'elle se remaria avec Jean de Raineval, chevalier, seigneur de Méraucourt et de Dronay, dont elle était veuve en l'année 1416 (son mari fut tué à la bataille d'Azincourt, en 1415), ce qui coïncide avec l'article précédent concernant Raoul de Raineval. La mère de Jean de Raineval mourut en 1413, suivant Duchesne (hist. de la maison de Coucy). Cet auteur ajoute que Jean de Raineval, chevalier, fut son seul héritier.

Duchesne n'indique aucune descendance de l'union de Jean de Raineval et de Jeanne de Montmorency, qui l'avait épousé le 13 septembre 1407. La branche des Raineval, seigneur de Coudun et de Méraucourt, est ici rompue ; et il se présente une ligne double de personnages portant le nom de Coudun.

On a vu que la famille de Raineval possédait à la fois Coudun et Méraucourt, on a vu que Froidmantel faisait partie de ce dernier lieu. Une nouvelle famille se présente alors ayant en sa possession la seigneurie de Coudun, c'est celle des Des Bordes : elle arrive à cette possession par la vente que lui fit, après la mort de son mari, suivant dom Gillison (1), Marguerite de Saint-Simon, épouse de Mahieu de Rouvroy, des droits, parts et portions qu'elle avait dans la terre de Coudun.

Dans l'ouvrage du P. Anselme déjà cité, le chapitre des porte-oriflammes de France contient la généalogie de

(1) M. 3, t. 3, Bibliothèque impériale, fonds de Compiègne, n° 45.

Guillaume Des Bordes, IIIe du nom, célèbre chevalier qui mourut en Hongrie, en 1396, à la bataille de Nicopolis. Guillaume IV, son fils, châtelain de Beauvais, grand-queux de France, épousa *Jeanne de Raineval, fille de Raoul le Grand Panetier*, et de Philippe de Luxembourg, sa première femme, ainsi que le porte la généalogie précédemment transcrite sur le livre du P. Anselme.

Comme elle mourut sans enfants en 1389, et son mari en 1390, d'après Louvet, et ainsi que le P. Anselme le déclare (1), ce fut probablement au sujet de la succession à cette seigneurie qu'eut lieu ce procès dont parle le généalogiste. (Art. Rouvroy Saint-Simon.)

Chacune des parties prétendant au titre de sire de Coudun, il en résulte une confusion réelle pour cette époque de l'histoire de la seigneurie.

De nouvelles recherches amèneront peut-être des éclaircissements sur l'époque à laquelle la famille de Sorel vint posséder, soit la seigneurie de Coudun, soit le château (*Castrum*) dont l'existence était fort ancienne (2). Maintenant encore, sa motte est parfaitement visible près de la rivière de l'Aronde. On nomme ce lieu le *Château fort*.

M. Bassot, propriétaire de cet emplacement, a déjà trouvé, et sans doute on trouverait encore, si l'on fouillait sur d'autres points la circonférence de cette motte, les débris parfaitement disposés, mais réduits à l'état de charbon par l'effet d'un incendie du *manteau* formé par une palissade en bois équarri. La façade a été recouverte d'une couche de terre. Les interstices et l'intérieur sont plaqués en mortier résistant. Évidemment, là se trouve un exemple, probablement unique, des *palis de défense*: et les traces de combustion sont peut être l'effet d'une destruction qui remonterait aux attaques des Normands.

La motte de Coudun, réparée et augmentée, aurait en

---

(1) T. 8, p. 833.
(2) Dans un acte de l'an 1168, recueilli par D. Grenier (t. cxcvii), Raoul de Coudun est désigné, *Dei patientia dominus et hereditariojure possessor Castri Cosdunensis.*

ce cas servi à conserver les restes du premier établissement fortifié.

Les traces des fossés et les restes des portes sont visibles. L'église de Notre-Dame était voisine du château : elle a été détruite en 1794. Vers le nord, l'église de Saint-Hilaire subsiste encore comme église paroissiale.

Si l'on recherche ce qu'étaient les armoiries des différentes branches de la famille de Sorel en Picardie au xiiie et xive siècles, on trouve deux léopards d'argent posés l'un sur l'autre et couronnés d'or sur fond de gueules (1).

Le blason d'Agnès Sorel, d'après le dessin du manuscrit de Berry, héraut d'armes de Charles VII (bibl. imp., n° 9683), est l'arbre dit *surel* ou *sureau*.

On retrouve ces mêmes armes parlantes dans le *sureau d'or* sur la miniature de Fouquet. C'était, par un jeu de mots, détourner le nom de Sorel de sa véritable origine, qui est *sor* ou *roux* (2), un de ces noms de familles qui procédèrent d'une particularité distinctive de la personne. Dans ce livre le nom de Surel paraît à deux reprises, mais un des blasons n'a pas été dessiné ; l'emplacement de l'écu est seulement tracé.

J'ai rencontré le nom de Regnault de Sorel au commencement du xve siècle :

1° Avec la qualité d'écuyer et comme l'un des exécuteurs du testament fait à la date de 1421, par Jean II de Hangest, seigneur de Genlis et de Magny, — actuellement Guiscard, — gouverneur de Noyon, chambellan de Louis, duc d'Orléans ; il mourut en 1441 ;

---

(1) Dans les hommages du comté de Clermont, (Bibl. imp. f. Gaignieres, n° 361). Regnault de Sorel paraît avec ce blason, mais le fond est accompagné d'un orle d'or.

En 1414, d'après les archives de la Chambre des Comptes de Lille, f° 42 : « Le duc de Bourgogne donna à Pierre de Sorel, son « conseiller et chambellan, son *chastel* et *terre* de Remy, actuelle- « ment canton d'Estrées-Saint-Denis (Oise), ne se réservant que la « justice. »

(2) Un cheval sor ou un faucon sor, désigne la couleur fauve ou rousse. Le nom de hareng sor, ou saur, est resté dans notre langue, par opposition au hareng blanc. Dans le roman de Raoul de Cambrai, l'un des principaux personnages, est le seigneur Gery, *le sor ou le roux*.

2° Comme possesseur de fiefs dans le Beauvaisis ;

3° Dans les Annales de Noyon, par J. Le Vasseur (1), ouvrage imprimé en l'an 1633 ; on y lit ce qui suit :

« L'église de Saint-Germain fut dédiée par le mesme évesque (Jean de Mailly), le 8 décembre 1481.

« L'église en sa restriction ne manque pas de plusieurs belles remarques, outre le nom et les mérites du saint sous l'invocation duquel elle fut fondée et dédiée : elle a le voisinage de M. Saint Jean-Baptiste et des frères de Jésus-Christ (2), qui sont les pauvres, mais qui sont, plus tost lui-mesme, d'où découlent plusieurs bénédictions du ciel en ce petit quartier de la ville. Non-seulement ce lieu est chéry d'en haut et des saints du paradis qui n'y sont réclamez en vain, *mais aussi en recommandation aux nobles de la terre*, qui ont désiré y graver leur mémoire en la dévotion de leurs charitez. *Entre autres, Damoiselle Agnès, jadis femme de Regnaut de Sorel, demeurant en la mesme paroisse*, jeta son gazophilace (3) sa double offrande : l'un de son cœur qu'elle offrit à Dieu et au sainct, l'autre d'une rente annuelle et perpétuelle prise sur toute sa terre d'Ecuvilly (4), à la charge d'un obit par an. »

On remarquera les coïncidences nombreuses de ce passage avec les circonstances qui se rapportent à Agnès Sorel.

Outre les noms eux-mêmes, la date de la donation à une église qui doit être bientôt consacrée, se rapporte à la date du testament, ce dernier acte de la damoiselle Agnès Sorel.

Les expressions *nobles de la terre* indiquent le rang très-élevé de la donatrice.

Anthoinette de Maignelay, la parente et la rivale d'Agnès Sorel, mariée à André de Villequier, est désignée généralement sous le nom de *damoiselle de Villequier* (5).

(1) Chap. 48, p. 169. Des neuf paroisses de Noyon.
(2) L'église de Saint-Jean et l'hôpital de Noyon.
(3) Mot tiré du grec, lieu où l'on garde le trésor.
(4) Canton de Lassigny (Oise).
(5) E. de Monstrelet change ce nom en celui de *Villecler*.

D'après ces différentes données, sans conclure de ce passage du livre que j'ai cité qu'il s'applique à Agnès Sorel, et tout en reconnaissant les objections qu'on pourrait faire à cette affirmation, j'avoue que je ne suis pas sans espoir qu'un jour la lumière se fera sur ce point. Il suffira pour cela d'un titre, d'une pièce qu'on pourra découvrir dans quelques cartons d'archives.

S'il arrivait que l'on eût alors les preuves en main de la parenté ou de l'alliance d'Agnès Sorel avec les illustres familles des Coucy, des Raineval, des Hangest, des Coudun et des Montmorency, quel serait le sentiment de blâme et de mépris qui réjaillirait sur un prince réduisant au rôle de favorite la fille de ces preux qui tous versèrent leur sang généreux pour leurs rois, pour la France, et pour lui rendre à lui-même l'honneur et la couronne ?

On trouve heureusement dans nos annales et dans notre contrée, des exemples de sagesse et de modeste retenue qui font compensation à ces défaillances. Ainsi, l'on assure que comme Henri IV, à la barbe grise, poursuivait de son amour la charmante sœur de Henri de Montmorency, celle qui devint bientôt après la princesse de Condé, il lui dit assez effrontément, comme il la menait un jour dans une sarabande au Louvre :

« Mademoiselle, par où va-t-on à votre chambre?

La noble et sage fille lui répondit avec esprit et sans éclat :

« Sire, par l'Eglise. » Le roi se le tint pour dit.

Toutefois, après leur union, les jeunes époux prirent prudemment le chemin de Bruxelles...